LETTRE AUX ÉLECTEURS

DU DÉPARTEMENT DE PARIS,

SUR

JACQUES-PIERRE BRISSOT,

PAR

CHARLES THÉVENEAU-MORANDE.

A PARIS,

De l'Imprimerie de Froullé, quai des Augustins.

1791.

LETTRE AUX ÉLECTEURS

DU DEPARTEMENT DE PARIS

SUR

JACQUES-PIERRE BRISSOT.

PAR

CHARLES THEVENEAU MORANDE.

Messieurs,

Les plus grands intérêts vous occupent aujourd'hui : le salut de la France est en vos mains, et il n'est aucun de vous qui n'ait le droit de scruter les candidats qui vous sont indiqués pour représenter la Nation. Elle a placé en vous sa confiance pour lui donner des Députés dignes de votre choix, et ce sont des représentans dignes d'elle qu'elle attend de vous.

Parmi les noms des intrigans qui se sont glissés dans les listes des candidats à la Législature, j'ai apperçu avec autant d'effroi que d'étonnement celui de Brissot, et je me suis dicté le devoir sévère de vous le faire connaître.

On vous dira peut-être, pour égarer votre juge-

A

ment, *que cette lettre n'est qu'une réplique à Brissot, & que c'est une querelle particulière entre deux individus, étrangère à la chose publique* ; et que l'AME de Brissot *est le sanctuaire de la vertu, de la probité, de l'honneur* ; le seul but que l'on ait est de capter vos suffrages : mais le vôtre est d'élire d'honnêtes gens, et vous allez juger cet hipocrite.

Il vous suffira, Messieurs, de lire la Réplique de Brissot, si vous n'avez pas le tems de parcourir celle que j'ai faite au dégoutant Panégyrique qu'il a intitulé : *sa Réponse à tous les Libellistes*. C'est cette Réponse, remplie des calomnies les plus ordurières et du libelle le plus atroce, contre moi, qui lui a attiré ma Réplique : mais pour abréger votre ennui, c'est ce qu'il m'a répliqué lui-même que je vous invite à lire, après avoir jeté les yeux sur la Lettre que je me permets de vous adresser.

Ce n'est point par des calomnies que j'ai repoussé le libelle de Brissot : j'ai rendu compte avec franchise et avec sincérité des causes qui firent que mon père demanda une lettre-de-cachet contre moi. Le vil calomniateur que j'ai confondu, avait dénaturé ces causes : mais j'ai rétabli les faits, et je l'ai convaincu d'imposture, en opposant à ses assertions et au libelle de son ami de cœur Manuel, les témoignages les plus respectables.

Je suis convenu de bonne-foi des inconsidérations d'une jeunesse ardente, dont je n'ai point déguisé les écarts : mais j'ai dit et prouvé qu'il y avait loin de ces écarts à la conduite de l'hypocrite que j'ai démasqué. En démontrant la fausseté de ses assertions contre moi, et de celles qui font la base du ridicule Panégyrique de ses prétendues vertus, j'ai mis ses actions à côté de ses paroles, et je l'ai présenté tel qu'il est.

La seule ressource qui soit restée à Brissot, a été de revenir sur une des fausses citations qui se trouvent dans son libelle, et que j'ai détruites dans ma réplique. Il n'est qu'une manière de répliquer à une assertion fausse, c'est de donner le démenti à celui qui en est l'auteur, et de le défier de prouver ce qu'il avance. J'ai été plus loin, j'ai prouvé que Brissot est un calomniateur sur tous les points, et il se garde bien de revenir sur les prétendus faits qu'il m'a reprochés. Il ne lui est resté que l'espoir d'embrouiller une fausse citation, en rappelant un paragraphe injurieux, relatif à un procès arrangé entre M. de Lauragais et moi. Ce paragraphe, fabriqué par un homme de l'espèce de Brissot ne venait pas d'une main aussi exercée à la calomnie que la sienne ; c'était une fausse version de l'arangement *dont j'ai rendu compte dans ma Réplique*, et non pas une plate déclaration *signée de ma main*. Il faut être aussi bas que Brissot pour en concevoir la possibilité, et aussi fourbe, aussi impudent que lui pour l'avancer sans en avoir la preuve.

Mais à quoi bon vous fatiguer, Messieurs, de ce rabachage : je me suis expliqué sur cette circonstance très-insignifiante pour vous, quoiqu'elle ne le soit pas à mes yeux. Si ce que j'ai dit, tant sur Brissot que sur moi, peut assez intéresser votre curiosité, pour que vous puissiez en soutenir la lecture, mon Imprimeur en fera remettre un exemplaire au domicile de MM. les Électeurs qui lui enverront leurs adresses. Instruit du projet de Brissot de distribuer sa réponse, j'avais pris la précaution d'envoyer ma réplique aux Sections, pour vous être remise. J'ose croire que cette précaution a eu son effet, et que vous l'avez reçue ; mais s'il y a eu des erreurs ou des négligences dans cette distribution, j'aurai soin d'y remédier.

Ce n'est point, je le répète, ma Réplique, qui est

nécessaire pour confondre Brissot : il suffit de la sienne, et je vous prie de la lire avec l'attention qu'elle mérite. Quoique j'aie été expatrié pendant 21 ans, j'ai toujours été sous les yeux du public, et il est venu peu de Français en Angleterre, avec lesquels je n'aie pas eu des rapports. J'ai toujours aimé ma Patrie ; je l'ai prouvé par la manière dont j'ai écrit pendant près de huit ans une feuille estimée, et je ne suis revenu en France que dans le dessein de pouvoir être utile à mon pays par les connaissance que 20 ans de travail et d'observations m'ont mis dans le cas d'acquérir. Vous avez dans votre sein vingt Electeurs, au moins, qui me connaissent personnellement, qui m'honorent de leur estime et de leur amitié. Plusieurs connaissent mes travaux et sont à portée de me rendre justice.

Brissot, après avoir lu un récit que je me suis cru obligé dégayer pour ne pas fatiguer mes lecteurs, en leur parlant des étourderies de ma jeunesse ; (récit que j'ai fait contraster avec les stupides éloges qu'il fait de lui) Brissot, dis-je, a cru avoir fait une épigramme en disant : *habemus confitentem reum*. Vous verrez, après avoir lu sa réplique, que c'est un coupable convaincu, que j'ai amené devant vous et que vous pouvez dire de lui, avec plus de raison qu'il ne l'a dit moi : *habemus fatentem scelestum*. Daignez donc lire sa réplique, Messieurs ; elle ne renferme pas un paragraphe, pas une ligne qui ne vous donne des preuves de ce que j'ai avancé, ou qui n'augmente la force de celles que je vous ai présentées. Je n'avais en main que quelques lettres qui prouvaient bien l'escroquerie de Brissot ; mais il avait tout son plan dans sa tête, toute sa scélératesse dans son cœur, et l'iniquité a coulé de sa source ; il s'est mis à nud devant vous. Sa mémoire infidèle s'est égarée, et il s'est peint avec des couleurs qui ne vous échapperont point. Malheureusement pour lui, il était trop pressé, pour que son astuce et ses ruses pussent conserver leur équilibre. Il l'a perdu, cet équilibre, en voulant aller trop vite, et il s'est laissé pénétrer. Non-seulement il est convenu des faits que je lui ai reprochés, mais il les a développés d'une manière qui prouve beaucoup mieux que je ne l'ai fait, sa profonde scélératesse. *Quoiqu'il se soit tû sur les choses auxquelles il ne pouvait rien opposer,* SA CONSCIENCE A PARLÉ, le crime a percé au milieu de ce silence honteux. Après être convenu que ma réplique renferme des faits, il ajoute bien qu'il n'en est qu'un seul sur lequel il doive des éclaircissemens, et qu'il a vingt fois détruit tous les autres; mais il ne dit pas ce que sont les autres. Vous ne vous contenterez pas de cette manière de répliquer; et je ne dois pas vous laisser exposés à être induits en erreur.

Après avoir rectifié sa version de l'escroquerie de 15 mille livres qu'il a faite à M. Desforges, je reviendrai sur les faits qu'il dit avoir détruits, et SUR LESQUELS IL SE TAIT; et je vous présenterai ses omissions. Je m'efforcerai d'être bref; votre tems est trop précieux, vos momens sont trop chers et trop importans, pour prolonger une discussion aussi fastidieuse. Elle serait sans aucun intérêt à vos yeux, si Brissot ne s'était pas avisé de vouloir se servir de vous pour consommes les crimes qu'il médite. *J'entre en matière.*

Brissot prétend que son établissement du Lycée de Londres consistait en trois branches.

1°. Le tableau des Sciences et des Arts en Angleterre.

2°. La correspondance avec tous les Savans et Politiques de l'Europe.

3°. La réunion à Londres de ces Savans et Politiques, en Assemblées générales.

On apperçoit, au premier coup-d'œil, que ces trois

lignes ne présentent autre chose que le tableau d'un plan d'escroquerie; mais on en est parfaitement convaincu, lorsque l'on sait *que Brissot n'a jamais eu d'assemblée chez lui*, qu'il ne pouvait pas avoir d'assemblée *dans un local de 12 pieds en carré*, et que le tableau des sciences et des arts n'était autre chose que le titre d'un plat Journal, qu'il suffit de lire pour juger des connaissances de Brissot sur les sciences et sur les arts de l'Angleterrre. C'est cependant ce qu'il appèle *un vaste établissement* qui demandait nécessairement de *grandes avances !*

Le *Prospectus* de cet établissement tomba malheureusement entre les mains du sieur Desforges, qui convient lui-même d'avoir été séduit par les prestiges de Brissot et d'avoir couru à sa perte. Après plusieurs conversations avec le sieur Thivart, frère de Brissot, il envoya à Londres un projet de société qu'il avait fait dresser par un Négociant. Brissot *dit par un Avocat et un Banquier*, si je ne suis difficile sur les termes, il ne doit pas l'être non plus, et il conviendra, *sans doute*, que ce projet de société fût envoyé A UN ESCROC. La preuve en a été donnée dans ma réplique; celle de Brissot la renforce; et la lettre que je vous adresse, Messieurs, ne vous laissera aucun doute.

M. Desforges devait faire, cela est vrai, les fonds de l'entreprise, et Brissot observe qu'il ne devait y mettre QUE SON TALENT. *Cette mise n'était pas considérable*; mais j'ai de sa main la preuve que ce n'était point SON TALENT qu'il devait y mettre. Dans les observations qu'il a faites sur cet acte, sous seing-privé, il a été de meilleur foi. *Voyez la page 70 de ma réplique*. Il dénomme M. Desforges, *bailleur de fonds*, et lui, BAILLEUR D'INDUSTRIE. La marche de cette affaire si malheureuse pour le sieur Desforges a été, en effet, conduite AVEC UNE GRANDE INDUSTRIE. Si c'est-là le talent de Brissot, *il y a mis du talent* : mais il n'en a pas mis d'autre dans la société. Il meubla aux frais de M. Desforges, une petite maison destinée à le loger (*voilà de l'industrie*). Il lui persuada qu'il y rassemblerait tous les Politiques et tous les Savans de l'Europe. (*Voilà de l'industrie*). Il a vécu lui, sa femme, sa belle-sœur, son frère et sa cuisinière aux dépens de M. Desforges ; cela peut s'appeler encore de l'industrie ; mais ce n'est pas du talent. C'était ce groupe dévorant que l'on appelait la société du Lycée. C'était cette réunion *de dépeçeurs* d'alloyaux et d'éclanches qui formait l'assemblée des Politiques et des Savans de l'Europe. Brissot n'a jamais eu d'autre établissement en Angleterre.

Tel était l'état des choses, lorsque M. Desforges, après avoir versé 10 mille francs, d'un seul coup, dans cette affaire, arriva à Londres. Il fut confondu, lorsqu'il vit la cage dans laquelle devaient se tenir les assemblées du Lycée. Il ne connaissait pas cette ville, et l'on ranima son courage ; en disant *qu'il falloit un manoir séparé de la salle du Lycée, mais qu'il ne tarderait pas à s'ouvrir.*

Une grande vérité sur le caractère de M. Desforges a été dite par M. Brissot ; il a eu la maladresse de la laisser échapper dans sa réplique : c'est que cette malheureuse victime, non contente de payer toute la dépense de la bande *qui digérait pour le compte de la société*, comme cela est prouvé par ma Réplique, proposa de payer sa pension, quoiqu'il fut le seul bailleur de fonds. Il croyait peut-être que cette délicatesse lui ferait obtenir de son associé des comptes exacts. Cet espoir fut aussi le motif qui lui fit allouer les premières dépenses ; il les alloua en murmurant, mais il les alloua dans le compte qui fut arrêté le 5 Janvier 1784. Il comptait retrouver dans les retours du Lycée, dont Brissot le berçait, la rentrée de ces avances

Il ne regardait cet arrêté que comme un titre pour recouvrer ses fonds, et non comme un certificat qu'ils étaient absorbés, ainsi que Brissot voudrait le faire entendre.

L'œil de M. Desforges gênait Brissot dans sa maison. Il le questionnait du matin au soir, et *Brissot n'aime pas mentir*. Voilà pourquoi il l'engagea à se rendre en France, sous prétexte de solliciter un privilège exclusif, mais, c'était d'une part pour l'éloigner, et de l'autre, pour lui arracher des acceptations, puisqu'il ne pouvait plus lui arracher d'argent. (*Voyez dans ma réplique à Brissot, parmi les pièces justificatives, sa correspondance entre le 9 Janvier et le 17 Février, jour auquel il lui envoie l'apperçu page 94, intitulé* LE COUP DE FILET). Il n'y avait encore eu que trois ou quatre numéros du Journal du Lycée, imprimés lorsque Brissot, qui n'avait pas eu d'autre assemblée de Savans et de Politiques, que celle de la femme aimable dont il parle avec tant d'enthousiasme, et de la cuisinière qui faisait rôtir ses alloyaux, notifia au sieur Desforges, en lui adressant ce compte, que non-seulement les dix mille francs de première mise étaient absorbés, mais que quelques autres sommes avancées pour le compte de Brissot, et payées par M. Desforges pendant son séjour à Londres, étaient absorbés aussi par le compte de la société : et M. Desforges était alors en avance, au-delà des dix mille livres, ou sous acceptation pour plus de mille écus.

L'impression de trois ou quatre numéros au plus, d'un journal de trois feuilles, avait donc absorbé, et les 10,000 livres avancées en débutant, et les acceptations ou les payemens faits. Tout cela était nul pour la continuation de l'entreprise ; puisque c'était pour les affaires particulières de Brissot que tous ces subsides avaient été engloutis.

Il est faux que le docteur William ait jamais eu

un établissement dans Pall-Mall, et tout ce que dit Brissot à ce sujet est une imposture. Le docteur William peut avoir formé un projet d'avoir des assemblées : mais il ne l'a jamais exécuté. Il n'y a pas même eu de commencement d'établissement ; et conséquemment tout ce qu'il dit de l'emplacement probable du Lycée, n'a été que pour induire M. Desforges en erreur, et pour le mettre à contribution.

Brissot prétend que, lorsqu'il quitta Londres, il n'oublia point ses créanciers : mais peut-on lui demander s'il a payé les 15 à 16 cens livres qu'il devait à M. Swinton, et pour lesquelles il a été poursuivi à Boulogne ? Le malheureux osera-t-il nier qu'il les doive encore ? Il a cru pouvoir payer cette dette par un compte semblable à celui qu'il a fourni à M. Desforges : mais il n'avait pas eu recours, avant de contracter cette dette, à des précautions préliminaires aussi profondes ; et malgré ses chicanes, Me. Merlin l'aurait fait incarcérer à Boulogne, s'il ne se fût pas enfui de cette ville.

Lorsqu'il quitta Londres, le tapissier Baxter était-il payé ? Avait-il payé le propriétaire de sa maison ? Avait-il payé son papetier ? N'a-t-il pas eu une saisie pour les impôts ? N'en a-t-il pas eu une autre pour ses loyers ? Ses meubles n'ont-ils pas été vendus en conséquence de ces saisies ? Avait-il des reçus de sa cuisinière, de son boucher, de son boulanger, et du tabaretier qui l'abreuvait ? S'il a payé une partie de ces dettes DEPUIS SA FUGUE BANQUEROUTIÈRE, n'est-ce pas du produit de ses meubles qu'elles ont été acquittées ? Montrera-t-il quittancé, je le répète, le billet qu'il a fait à M. Swinton ? N'a-t-il pas été POSITIVEMENT *accusé de vol par M. Desforges dans les lettres qu'il a reçue de lui?* Deux Avocats de Londres, (il en convient lui-même), n'ont-ils pas donné une consultation

B

par laquelle il sont déclaré qu'il devait être poursuivi comme escroc ? Ai-je donc blessé la vérité, lorsque j'ai dit QU'IL ÉTAIT UN BANQUEROUTIER FUGITIF, ACCUSÉ DE VOL ?

Cet imposteur m'impute de l'avoir fait arrêter par le sieur Cox, imprimeur du Courier de l'Europe. Je m'en rapporte au témoignage de cet imprimeur, qui n'a aucune raison de déguiser la vérité, et très-probablement nous n'aurons jamais rien de commun ensemble. Je suis persuadé que sa réponse confirmera ce que j'avance, puisque c'est le témoignage d'un honnête homme que j'invoque *contre celui de Brissot*. Si j'avais été instruit de son projet de fuite, très-certainement j'aurais averti le sieur Cox; mais n'ayant jamais voulu avoir aucun rapport avec Warwille, je n'ai fait qu'appercevoir ce malheureux, et ma porte lui a toujours été fermée. Je ne pouvais donc pas savoir qu'il méditait de s'enfuir de Londres.

Les grands griefs de Brissot contre M. Desforges, sont : que se voyant dépouillé, *il a pris de l'humeur*, et qu'il a redemandé son argent d'une manière grossière. J'en appelle à vous, Messieurs, quel est celui de vous qui n'aurait pas eu de l'impatience, s'il se fût vu dépouillé d'une manière aussi astucieuse, et si, après avoir été volé, il eût vu l'hipocrite qui l'aurait dépouillé, parler DE SA MODÉRATION, DE SA PROBITÉ, DE SON HONNEUR ? Qu'il révèle, le malheureux, tout ce qu'il dit avoir en réserve sur le sieur Desforges, je l'en défie. Jamais agneau ne s'est laissé égorger aussi paisiblement. S'il s'est agité sous le couteau, s'il a eu des mouvemens convulsifs, s'il a fait entendre quelques cris, est-ce sa faute ? Ses mouvemens, ses cris n'étaient-ils pas naturels ? Un homme qui se voit enlever tout son avoir, n'est-il pas pardonnable de se plaindre ? Il parle de faire imprimer la longue lettre qu'il a écrite à M. Desforges le 3 Novembre 1784. Je l'imprimerais à la suite de celle-ci, si elle ne demandait pas un commentaire en marge, qui me prendrait trop de temps; mais elle sera imprimée par moi, si elle ne l'est pas par Brissot; et dans l'un et l'autre cas, elle sera commentée comme elle mérite de l'être. Le malheureux tremblait lorsqu'il écrivit cette lettre; mais il cherchait à cacher ses terreurs, et il a l'audace de dire qu'elle renferme des preuves *de sa modération, de sa probité et de sa générosité*. C'est, dit-il, le tableau de toute sa conduite à l'égard de la société. OUI, C'EST UN TABLEAU; mais c'est un tableau qui peint la scélératesse la plus réfléchie dont on puisse se faire une idée.

Brissot restreint à un quartier de loyer *ce qui était dû au Propriétaire de sa maison*; et c'est pour payer ce quartier, dit-il, que ses meubles furent vendus. Il se trompe sur le nombre des quartiers dûs, et sur les dividendes qui ont été payés du produit de ses meubles. Les quartiers échus et le quartier commencé, les taxes, la cuisinière ont été payés du produit de la vente, et vingt livres sterling tout au plus, sont le résidu de l'ameublement DE L'HÔTEL DU LYCÉE DE LONDRES.

C'est à M. d'Aspremont à qui il appartient d'éclairer le public, sur ce qui s'est passé entre lui et Brissot. Ce dernier croit avoir prouvé beaucoup, en disant que M. d'Aspremont lui a écrit, le 13 Août 1785, *qu'il souscrivait aux Propositions qu'il lui avait faites*: mais que l'on observe bien que c'est une affirmation de Brissot toute simple, qui, *de son chef*, réduit d'abord à 6,000 livres, ensuite à 4,000 liv., les propositions *qu'il dit lui avoir été faites par M. d'Aspremont*; dont la lettre imprimée pag. 103 et 104 de ma réplique, prouve QU'IL RÉPÉTAIT AU NOM DE M. DESFORGES 13,335 LIVRES DE BRISSOT, *et non pas* 6,000 *liv. ni* 4,000 *liv*. Elle prouve aussi qu'il avais été le Colporteur du *Diable dans un Bénitier*; dont je crois avoir établi suffisamment la preuve morale, *qu'il était l'auteur, ou, au moins le coopérateur.*

J'ai pris et je prends sur moi toute la coulpe des paragraphes qui ont été insérés dans le Courier de l'Europe sur l'affaire entre M. Desforges et Brissot. J'étais indigné de la friponnerie de ce dernier; j'avais été témoin de toute sa conduite et je n'avais pu voir M. Desforges verser des larmes sans en être ému. Il n'a pas eu d'autre part aux paragraphes que j'ai imprimés que celle de me faire partager son émotion; et il a eu raison de dire *qu'il ne m'avait point demandé de parler de cette cruelle affaire dans la feuille que je rédigeais.*

A la page 14 de la réplique de Brissot, il donne une autre liste de ses travaux que celle qui se trouve à la page 2; il oublie *le tableau des sciences et des arts de l'Angleterre*, pour lui substituer *le journal du Lycée, et le tableau de l'Inde*, traduction médiocre d'un rapport fait au Parlement d'Angleterre *par des Commissaires AD HOC*, qu'il voudrait faire regarder comme un ouvrage original. Ce tableau était destiné à faire partie des articles du journal, et il n'est devenu un travail distinct *que pour mémoire et pour cause*. C'est ainsi que s'enferrent les menteurs. Il faut avoir une bonne mémoire, quand on a embrassé un genre de vie dont le mensonge, la fausseté et l'hypocrisie sont la base. Il n'est pas une des assertions de Brissot sur laquelle, malgré son astuce, on ne puisse démontrer *sa fausseté et sa perfidie*; s'il n'était pas pour trop fastidieux de traiter longuement un sujet aussi insipide; si je ne craignais de vous fatiguer, Messieurs, en suivant toutes les sinuosités des routes souterraines et tortueuses qu'il a suivies; je ne tarirais pas sur le compte de ce malheureux.

On est étonné de l'impudence avec laquelle Brissot ose., dire page page 15 de sa réplique : *c'est sur ce fait que mon adversaire a bâti son système de diffamation. Il a prétendu que le Lycée de Londres n'avait jamais existé*, &c. &c. &c.

Oui, malheureux. c'est sur ce fait que je t'ai livré à l'examen du Public ; c'est sur ce fait que je te livre à celui des Electeurs, entre les mains desquels le peuple a remis ses pouvoirs. C'est sur ce fait que je te livre à tes remords, si ton ame est susceptible d'en éprouver ; c'est un interrogatoire solemnel que je te fais subir ; réponds-moi, malheureux ; ou garde le silence des coupables. A-t-il jamais existé un Lycée à Londres ? As-tu jamais cru que tu pourrais en établir un ? Ton journal de ce prétendu Lycée, ton tableau des sciences et des arts, ton tableau de l'Inde, ta correspondance politique universelle supposée, tes prétendues assemblées de savans, n'étaient-ils pas des piéges tendus pour arracher à un malheureux sans expérience tout ce qu'il possédait ? N'avais-tu pas tout prévu, jusqu'aux conséquences de ton escroquerie dans tes observations sur l'acte de société ? N'avais-tu pas consommé ton crime dans ton cœur, avant de le commettre ? Ne t'étais-tu pas enveloppé de tous les moyens de ruse que peut imaginer un fourbe consommé, pour se soustraire aux loix, et pouvoir échapper, lors de la discussion qui devait succéder *à ta faillite méditée*, à l'œil de tes Juges ? Les cinq années passées dans le Gymnase, où tu nous dis toi-même dans ta réponse *que l'on enseignait des friponneries*, ne t'avaient-elles pas donné sur ton associé un ascendant auquel il ne pouvait opposer aucune précaution ? Si je n'avais pas à opposer tes écrits les uns aux autres, tes stratagèmes n'auraient-ils pas rendu très-embarassant le jugement qu'il fallait porter de toi ? mais il est porté aujourd'hui ce jugement, tes projets percent dans ta Réplique, et j'aurais écrit tout un volume, que je n'aurais pas réussi à te faire connaître aussi parfaitement que tu l'as fait toi-même.

Pardonnez, Messieurs, si je me suis laissé emporter par l'indignation. La conviction de ce que je vous adresse est dans mon cœur. La chaleur de la vérité me pénètre et m'embrase. Il m'est impossible de lui résister, et de m'exprimer avec modération sur la conduite de Brissot, envers un homme d'honneur *qu'il a l'infamie de vouloir flétrir dans votre opinion après l'avoir ruiné.*

M. Desforges, en présentant un mémoire à M. le Noir, contre Brissot, soumis alors comme escroc au tribunal de la police, aurait pu abréger son compte, et au lieu de donner un aperçu en quatre articles, de l'escroquerie qui lui avait été faite, il aurait pu dire en compte rond, sans entrer dans aucun détail, *il m'a été escroqué par Brissot une somme de 15,000 liv. que quelques défalcations réduisent à 13,335 liv.* (c'est la somme à laquelle M. Desforges, et M. d'Aspremont, son chargé de pouvoirs, avaient réduit leur répétition.) *et je vous demande justice.* Mais il ne l'aurait pas obtenue davantage. Les fripons que l'on réclamait sous l'ancien régime étaient regardés comme d'honnêtes gens; et Brissot fut réclamé par M. D..... et Madame de S..... qui le firent sortir de la bastille. Voilà un des vices du gouvernement despotique ! Brissot avait été arrêté injustement, *il fut élargi de même.* De bonnes loix civiles l'auraient forcé de restituer ce qu'il avait reçu et employé abusivement. S'il fut resté en Angleterre, et que M. Desforges l'eût poursuivi au criminel, la loi contre les escrocs l'aurait envoyé sur la Tamise ou à Botany-Bay. *Et l'on a osé le proposer pour être un des Représentans de la Nation Française !*

A la page 17 de sa réplique, Brissot a l'impudence d'insinuer dans une note, que *l'entretien de sa famille n'a jamais été à la charge de la société*. Il n'y a qu'à revoir ses comptes, et jetter encore les yeux sur le COUP DE FILET, page 94 de ma réplique (on ne saurait y recourir trop souvent). On verra que les dépenses de la maison, arrêtées le 2 Janvier, sont portées à 6,000 l., et que depuis cette époque jusqu'au 17 Février, il se trouve une autre somme de 400 liv. pour ces dépenses; on verra aussi dans la première clause de l'acte sous seing-privé, imprimé dans ma réplique, et dans l'observation par accolade, qui sont de la main de Brissot, de quelle manière il avait été stipulé que les dépenses de la maison seraient payées.

Il est impossible de retenir son indignation, lorsque l'on voit Brissot qui avait reçu 10,000 liv. *d'un seul coup de filet*, et environ 4,000 liv *pris à l'hameçon*, proposer d'exhiber des quittances *qu'il regarde comme justificatives* pour 12,000 liv.

Eh ! sans doute, il a pu payer 12,000 liv., puisqu'il en avait reçu 14,000 liv. On ne lui conteste pas ces quittances; mais je lui soutiens qu'il n'avait pas un écu à lui, et que ces 12,000 liv., qui, tout-à-coup, se métamorphosent en 18,000 liv. *par ce qu'il appele ses intérêts et ses viremens de partie*, et qu'il dit avoir été perdues par lui, n'avaient jamais été en sa possession.

Il l'a prouvé lui-même *dans le compte qu'il a rendu à M. Desforges de ses ressources*, lorsque cette dupe infortunée, de sa crédulité et de sa bonne-foi, lui demanda s'il avait des sûretés à donner pour un emprunt qu'il le sollicitait de faire pour lui. (*Voyez pag. 97 de ma Réplique, et pag. 23 de la sienne*). Il prétend se faire un mérite de sa *franchise* dans cet aveu;

mais il ne faut pas perdre de vue qu'au moment où son ame était SI FRANCHE, *il ne pouvait plus rien tirer de M. Desforges.* La contradiction qui se trouve entre le compte qu'il lui rend, et le *conte* qu'il fit à M. Swinton quelques années auparavant, rendent *cette franchise* des plus frappantes.

Si ces deux élans de sa belle ame sont contradictoires, on voit DANS L'UN OU DANS L'AUTRE une loyauté, une cordialité, une bonhomie qui doivent inspirer *le plus grand intérêt* en sa faveur.

Il a long-tems, *dit-il*, chéri M. Swinton comme son père....., et le scélérat l'a menacé *par une lettre qu'il lui a écrite de Boulogne-sur-mer le 25 mai 1784, de publier un libelle contre lui, s'il ne consentait pas à l'amiable à ANÉANTIR* (c'est le terme dont il s'est servi) *un billet qu'il dit surpris à sa facilité.* Voilà les sentimens que témoignait au père adoptif *qu'il chérissait tant, cet homme si confiant, qui connaissait si peu les hommes alors, et qui n'est pas encore guéri de cette maladie* DE L'HOMME DE LA NATURE. Si la respiration s'arrête...... Si le cœur est prêt à éclater, en lisant ce que Brissot a l'audace d'exprimer avec tant de *lamelage* et d'hipocrisie, ce n'est pas ma faute. Je répète ses propres expressions, on les trouve page 23 de sa Réplique.

La déclaration que Brissot dit que j'ai dérobée ou reçue (l'alternative lui paraît toute naturelle), m'a été remise, avec la lettre de Brissot, par M. Swinton, à l'époque où il le menaça de publier un libelle contre lui, et je me chargeai de la réponse. Il en fut instruit et il ne se hasarda pas à faire son libelle!

Je ne connais ni M. Chevard, ni M. Peluche, Notaires à Chartres; mais d'après les rapports d'un des compatriotes de Brissot, sur la fortune de son père,

je

je le défie de présenter aux Electeurs un état signé par ces deux Notaires, qui prouve que son père soit mort riche de 200 mille liv., comme il l'avait attesté par écrit et signé de sa main *dans LA FAUSSE DÉCLARATION, qu'il avait remise à M. Swinton*, et que ce dernier m'a remise, à moi, avec tous les détails de son procès à Boulogne, la lettre qui le menace d'un libelle, &c. &c. &c.

On lit page 24 de la Réplique de Brissot que j'ai cité un état de société du 17 juillet 1784. *Ceci est encore une friponnerie et* UN FAUX. L'aperçu que j'ai cité et que j'ai intitulé LE COUP DE FILET est du 17 Février, c'est-à-dire, 47 jours après celui auquel avait commencé réellement la société ; mais Brissot s'est attendu que je ne mettrais pas mes lunettes, et que je lirais sa Réplique légérement. Il a cru par-là gagner cinq mois de société, ce qui fait cinq mois de dépenses, et donne conséquemment un résultat plus imposant, une imposture mieux nourrie. *J'abats ces cinq mois d'un seul coup.* C'est le 17 Février et non le 17 Juillet, qu'il a envoyé à M. Desforges l'aperçu de la situation de la société.

La communication des lettres confiées par Brissot à M. Desforges, et renvoyées par cette victime à M. d'Aspremont, est métamarphosée en une violation du secret des lettres ; mais il est bon d'observer que c'étaient d'anciennes lettres adressées à Brissot et décachetées. Il n'y a donc point eu *de violation de toute espèce d'honneur*; M. Desforges a pu ou M. d'Aspremont pour lui, se servir de ce dépôt DE PAPIERS, SANS VALEUR, *qui prouvaient une vilaine agence pour faire le recouvrement* D'UN DÉPÔT D'ARGENT *vilainement enlevé.*

Le *Diable dans un Bénitier*, dont il veut bien dire un mot, en *patelinant*, sur ce qu'il dit du sieur Pelport, qu'il présente comme ayant joué un rôle de Patelin vis-à-vis de lui, est présenté dans ma réplique, avec assez de détail, pour que je ne sois pas obligé d'y revenir. *Voyez les pages* 37, 38, 39, 40, 41 *et* 42 *de ma réplique.* Je suis convaincu de ce que j'ai avancé; j'ai rapporté les indices les plus frappans; et les lettres de M. d'Aspremont, ainsi que celle de Vingtain en complettent la preuve.

Pourquoi Brissot a-t-il oublié de réfuter ce que je lui ai reproché, pag. 38 de ma réplique au sujet de ses Lettres Philosophiques sur l'histoire d'Angleterre, qu'il dit lui-même être une apologie éternelle de l'aristocratie, & une satyre du peuple ? — *C'est qu'il a craint qu'en traitant ce sujet on ne jugeât ses prétendus principes actuels d'après ceux qu'il avait affichés dans ces lettres. Ce n'est pas du patriotisme que le misérable a dans le cœur* : personne n'a oublié, sans doute, cette expression atroce : *périssent les Colonies !* qui se trouve dans ses écrits sur les Noirs. Combien a-t-il reçu pour faire le métier d'*Anti-Colon* ? Il n'est pas L'AMI DES NOIRS, *il n'est que l'ennemi des Colonies Françaises*; et la raison n'est pas difficile à deviner. Comment ose-t-il, après cela, soutenir qu'il est patriote ?

Il s'est trompé sur le montant du cautionnement qu'il a donné à Londres pour M. de Pelport. Il n'y a pas de cautionnement *de* 10 *liv. sterling*, pardevant un Juge de paix. Lorsqu'en Angleterre un homme est arrêté pour en avoir frappé un autre, le cautionnement est de 40 liv. sterlings, au moins ; et ce sont deux personnes tenant maison, et solidaires, l'une pour l'autre, qui doivent fournir ces cautionnemens. M. de Pelport avait été arrêté par le compositeur du *Diable dans un Bénitier*, qui avait été frappé par lui; et M. Brissot, qui prétend avoir eu un élan de vertu, donna ce cautionnement par une raison plus simple..... Comme il s'est enfui immédiatement après, c'est peut-être la raison qui fait que l'excédent du prix de ses meubles est retenu par son procureur. Dans tous les cas, il doit encore le montant de ce cautionnement, puisque M. Pelport ne comparut pas. Mais il n'avait pas, pour cela, le droit d'affirmer, comme il l'a fait, qu'il avait payé cette somme, et de faire opposition à la succession de feu M. de Pelport.

Brissot me reproche d'avoir envenimé le trait publié par le Babillard et par le Chant du Coq. J'ai dit au contraire que si l'escroquerie qu'on lui a reprochée dans ses écrits existait, elle devait disparaître *devant celle faite à M. Desforges*. J'ai déclaré que je n'avais aucun rapport quelconque ni avec l'affiche du Chant du Coq, ni avec la feuille intitulée le Babillard. J'ai demandé expressément à l'imprimeur (M. Pain) de ne point y être nommé, et je l'interpelle de me rendre la justice de le déclarer. J'ai fait plus : je lui ai dit que si cette affiche avait un but, elle ne le remplissait pas; que par-là on servait Brissot, en lui donnant une importance qui s'accroissait par l'opinion que cette affiche était payée. Mon opinion est que les honnêtes-gens qui sont aujourd'hui les dupes de cet hypocrite auraient rougi de prendre sa défense, s'ils n'eussent pas été fatigués de voir cette affiche qui l'a réhaussé à leurs yeux. L'opinion que l'on doit prendre de Brissot, est dans sa conduite et dans ses écrits; ce n'est pas au coin des rues qu'il faut s'arrêter pour le juger. Depuis 7 ans je l'ai prise cette opinion, et je ne l'ai pas prise légèrement; je l'ai vu opérer...... et ce que j'ai dit s'est passé sous mes yeux, ou j'en ai toutes les preuves en main. Il le savait bien, et je lui ai arraché de douloureux aveux. Ce sont ces aveux, Messieurs, que je soumets à votre examen, en vous invitant à les peser, et à le scruter sur ses omissions.

Lorsque j'ai reproché à Brissot ses liaisons avec Clarkson, c'est que je savais que cet intrigant en avait lui-même d'immédiates avec le Gouvernement Anglais, et qu'il n'était ici que pour mettre le feu dans nos Colonies. Avant de se lier avec Brissot, il a voulu former des liaisons avec moi à Londres, mais je me suis refusé à le voir. Il a trouvé Brissot plus traitable. Il se garde bien *aujourd'hui* de parler de cet ami de cœur, CE N'EST PAS LE MOMENT. Quelqu'audacieux que soit Brissot, sa conscience a reculé d'effroi, et il a craint *qu'on ne lui reprochât d'avoir reçu le salaire de ses écrits.* Il n'a pas osé discuter cette question terrassante. IL S'EST TU ; mais son silence parle, et il est bien énergique. Il a, dans une note de deux lignes et demies, *trouvé plaisant que Morande l'accusât d'être à la solde de l'Angleterre, lorsqu'il avait lui-même un fils officier dans la Marine Anglaise :* --- *mais cela ne dit rien sur son affaire avec Clarkson.*

Oui, Messieurs, j'ai eu un fils dans la Marine Anglaise, qui quitta son vaisseau par mes ordres, pendant les préparatifs de l'armement contre l'Espagne, et qui depuis six semaines est dans ma maison à Paris. Il a quitté le service d'Angleterre, où il s'est conduit d'une manière aussi honorable pour lui que satisfaisante pour moi; mais il n'est plus au service de l'Angleterre. Comme il est né Anglais, quand il serait encore dans ce service, cela ne serait nullement extraordinaire, et ne justifierait point Brissot d'avoir été aussi intimement lié qu'il l'a été avec un émissaire secret du Ministère Britannique.

Je trouve, dans sa réplique, qu'il me reproche une fanfaronade, qui, dit-il, peint mon ame hideuse ; mais il n'a point que sa sottise en m'imputant un propos *aussi plat.* Il me prête d'avoir dit *que je pouvais détruire en une heure une réputation de 50 ans.* Quand on est obligé d'avoir recours à de pareils moyens pour étayer une réputation volée, il faut avoir un fond bien stérile. J'aurais cru Brissot plus riche en noirceurs. *Qu'il nomme la personne à qui j'ai tenu ce propos.* JE L'EN DÉFIE.

Il rachète cette sottise par une note au bas de la même page. *Il reçoit, dit-il, sur ce libelliste* (c'est de moi dont il parle) *des renseignemens qui le font frémir. Mais il rougit de se traîner si long-temps dans la fange, etc.*, et il ne donne pas ces renseignemens. J'attends tout ce qu'il pourra ajouter de calomnies à celles qu'il a déjà publiées sur mon compte. Il ne me sera pas plus difficile de le confondre sur ce qu'il dira que sur ce qu'il a dit. Je ne m'engage pas seulement à prouver, qu'il est un calomniateur, un faussaire, un hypocrite et un escroc : je le défie de faire une réponse *que je ne terrasse pas*. L'avantage de la vérité est de percer tous les voiles, et il n'en est pas un de ceux dont Brissot s'est enveloppé, et dont il s'enveloppera encore ; que je ne puisse déchirer. *Voilà une fanfaronnade que j'avoue, et je la justifierai.*

J'ai mis sous vos yeux, Messieurs, une nudité *bien hideuse* (Brissot n'a pas le droit *de s'approprier tous les termes de la langue*), mais je ne vous ai rien dit que je ne vous l'aie prouvé, et dont je n'aie forcé l'homme que je vous ai peint de faire l'aveu. C'est à vous à prononcer actuellement, non pas entre Brissot et moi, mais sur les devoirs sacrés que vous vous êtes chargés de remplir. La confiance honorable que vous a accordée la Nation, est placée dans des mains trop pures, pour que la très-haute majorité du corps électoral ne l'emporte pas sur une cabale *qui a montré toutes ses forces*. Elle n'est pas aussi nombreuse qu'on le pense, et un grand nombre d'honnêtes-gens ont été trompés et entraînés. Voilà ce que j'ai cru devoir vous dire d'un homme qui vous a été présenté comme un Candidat digne de vos suffrages. Je vous l'ai peint tel qu'il est, et ce n'est pas pour plaire à aucun parti que je l'ai fait. Je n'ai jamais parlé à aucun de ceux que l'on regarde comme ses ennemis. C'est pour sauver à ma patrie la honte d'avoir un Représentant couvert de flétrissures, et dont l'ame est un réceptacle de crimes que j'ai parlé. C'est la chose publique que j'ai voulu servir. : i je me suis adressé à vous, Messieurs, c'est pour vous sauver le désagrément et le regret d'avoir fait un choix qui serait une note d'infamie pour la première législature des Français.

Je suis avec un profond respect,

MESSIEURS,

Votre très-humble et très-obéissant serviteur.

CHARLES THEVENEAU-MORANDE.

Ce 3 Septembre 1791.

www.ingramcontent.com/pod-product-compliance
Lightning Source LLC
Chambersburg PA
CBHW070429080426
42450CB00030B/1837